AF315878

RÉFLEXIONS ANALYTIQUES

SUR

LA RÉSOLUTION DU 27 VENTOSE,

Relative à l'exercice de l'action en rescision pour cause de lésion d'outre-moitié.

On ne fait aucune difficulté de convenir que le droit et l'équité commandent impérieusement la rescision pour cause de lésion d'outre-moitié des ventes d'immeubles qui ont eu lieu pendant la dépréciation du papier-monnaie.

Mais est-on d'accord avec le droit et l'équité, lorsqu'on propose d'estimer la valeur des immeubles vendus par la valeur contre assignats qu'avaient les immeubles de même nature, dans la même contrée, et le même jour ?

Est-on d'accord avec le droit et l'équité, lorsqu'on affecte de confondre le prix reçu avec le prix stipulé, c'est-à-dire, d'assigner

A

la même valeur réelle à cinquante mille francs assignats ou mandats , à quatre , six et huit mois de distance ?

Il serait facile d'enfanter un très-gros volume dont chaque phrase offrirait une raison décisive contre ce systême , accueilli cependant par le conseil des cinq-cents , et déja même par la commission du conseil des anciens ; mais il nous suffira d'analyser très-brièvement les vices les plus frappans de la résolution.

Sur cette matière , il n'est possible d'invoquer que deux espèces d'autorités ; 1°. les lois romaines , dont l'application directe doit démontrer évidemment la nécessité de comparer la valeur des assignats ou mandats reçus , réduits en espèces métalliques , avec la valeur réelle , en espèces métalliques , de l'immeuble vendu ; 2°. les lois émanées du corps législatifs sur les questions les plus semblables à celle-ci , dont on peut conclure , par analogie , au rejet de la résolution.

Le principe fondamental de toutes les lois civiles est le respect le plus entier , le plus absolu pour les conventions particulières qui ne blessent ni les lois ni les mœurs publiques ; mais il faut , avant tout , qu'il y ait eu entre

les parties contractantes une véritable conven-
tion. S'il s'agit de vente , il faut qu'il y ait eu
une chose, un prix et un consentement : *res,
pretium et consensus* ; une chose livrée telle
qu'elle a été promise , un prix en rapport
avec la valeur réelle de la chose vendue , un
consentement libre et éclairé des deux côtés.

Les parties contractantes n'ont pas toujours
devant les yeux la chose que le vendeur pro-
met livrer à l'acquéreur ; mais on a soin d'en
éterminer avec précision toutes les qualités ;
et si le vendeur livrait une chose qui n'eût pas
toutes les qualités convenues, l'acquéreur serait en droit de lui dire : «Vous n'exécutez pas
notre contrat; c'est telle chose et non pas telle
autre que j'ai entendu acquérir ; ce n'est qu'à
cette condition que j'ai promis tel prix et donné mon consentement ; livrez-moi la chose
stipulée , ou notre contrat est nul ». Il est vrai
que cette difficulté ne peut guères avoir lieu
pour les immeubles que l'acquéreur examine
attentivement avant de passer le contrat, et
qu'il n'est pas facile de dénaturer après la
vente. Aussi la voie de rescision n'est pas ouverte à l'acquéreur, qui n'achète jamais que
par convenance, et peut avoir un très-grand
intérêt à donner un très-haut prix d'une chose

qui paraît à tout autre n'avoir aucune valeur.

Il n'en est pas ainsi du vendeur, qui n'est
supposé consentir à l'aliénation de sa chose,
que par un besoin urgent et par nécessité.
Les lois romaines et notre ancienne jurispru-
dence, de tems immémorial, l'autorisent à
demander la rescision de son contrat, si li-
vrant la chose promise il ne reçoit pas, en
échange, la moitié de sa juste valeur. « Lors-
» que le vendeur a vendu un héritage au-des-
» sous de sa juste valeur, il doit être présu-
» mé ne l'avoir fait que pour se procurer de
» l'argent dans un pressant besoin. Or, c'est
» une injustice de la part de l'acheteur, de
» profiter du pressant besoin du vendeur,
» pour acheter à vil prix ; et cette injustice
» doit donner lieu à la rescision du contrat ».
Ce passage de Pothier n'est qu'un simple
commentaire de cette loi romaine, si claire,
si précise et si applicable dans tous ses points
à l'espèce présente : « *Rem majoris pretii, si
tu vel pater tuus minoris distraxerit, huma-
num est ut vel pretium te restituente, empto-
ribus fundum venum datum recipias, autori-
tate judicis interveniente, vel si emptor elege-
rit, quod deest justo pretio recipias. Minus*

*autem pretium esse videtur si nec dimidia
pars VERI pretii SOLUTA sit* (1) ». « Si vous
» ou votre père avez vendu votre patrimoine
» à vil prix, l'équité veut que le juge vous
» autorise à rentrer dans votre bien, en ren-
» dant à l'acquéreur le prix que vous en avez
» reçu, à moins que celui-ci ne préfère vous
» completter un JUSTE prix. Or, il y a vil
» prix toutes les fois que le vendeur n'a pas
» REÇU la moitié de ce que VAUT RÉELLEMENT
» son bien ».

On ne saurait méconnaître ces principes
sacrés ; aussi dit-on, que la résolution du 4
ventôse les a respectés et consacrés. Si de
deux immeubles de même nature vendus dans
la même contrée, et le même jour, l'un a été
porté à son plus haut prix possible en assignats ou mandats, et que l'autre n'ait pas
été vendu la moitié aussi cher, la voie de
rescision est ouverte au vendeur lézé.

Osbns le dire, c'est dans toute la force du
terme, substituer le mot à la chose ; de tous
les immeubles vendus pendant la dépréciation du papier-monnaie, il n'en est pas un
seul que l'on puisse dire avoir été porté à

---

(1) *Cod. de rescindendâ. Vend. leg.* 2.

sa juste valeur. Pour qu'un prix soit en rapport avec la valeur réelle d'une chose, il faut
que ce prix ait lui-même une valeur réelle :
or, les assignats et les mandats n'ont jamais
eu une valeur réelle, et dès-lors n'ont jamais pû être un *prix sérieux, certain et dé-
terminé*. Cette monnaie fictive n'avait été
imaginée que pour remplacer la monnaie
métallique, et l'on ne peut lui assigner de
valeur réelle que dans la proportion où elle
la remplaçait réellement. Pour arbitrer ce
que valait réellement telle quotité de papier
formant le prix d'une vente, il faudrait la
comparer à la quotité d'écus contre laquelle
on eût pû l'échanger. Ainsi l'immeuble vendu
le plus cher, assignats ou mandats, était peut-
être cédé pour moins du quart de la juste
valeur. Envain dira-t-on que le vendeur con-
naissait la dépréciation du papier qu'il con-
sentait à recevoir, et qu'on ne doit imputer
qu'à lui la vente qu'il a faite à si vil prix ;
l'équité répond qu'il ne doit être présumé
avoir vendu que pour se procurer de l'argent
dans un besoin pressant ; que c'est une injustice de la part de l'acheteur, de profiter
du pressant besoin du vendeur, pour acheter

à vil prix, et que cette injustice doit donner lieu à la rescision du contrat.

Mais supposons que les assignats contre lesquels tel immeuble a été vendu, formassent le jour du contrat le juste prix de sa valeur réelle, cela suffirait-il pour valider le contrat sans retour ? Non, sans doute, il faut encore que l'acquéreur ait donné en assignats, non pas seulement la même somme, mais la même valeur qu'il avait promise. Il est inutile de rappeler que presque toujours il s'écoulait au moins quatre mois entre la vente et le paiement, et que dans cet intervale les assignats ont souvent perdu quatre à cinq cents et mille pour cent, le vendeur recevait bien la somme stipulée, mais elle ne formait pas pour lui le quart de la valeur réelle de son prix, qui lui-même n'égalait pas la moitié de la valeur réelle de sa chose. Il avoit d'abord été lézé sur le prix de son immeuble, il l'était encore par le non-paiement de la totalité de ce prix ; il faudrait donc, pour n'être pas injuste envers le vendeur, arbitrer d'une part la valeur réelle et métallique de sa chose le jour du contrat ; et d'autre part, la valeur réelle et métallique de son prix le jour du paiement. Bien que les Romains ne connussent pas le papier-monnaie , et ne fissent usage que d'une monnaie fixe et invariable ; ils avaient en quelque sorte prévu la difficulté. La loi ne dit pas « *SI NEC SPONSA » SIT , »* mais *SI NEC SOLUTA SIT dimidia pars veri pretii….* Enfin , pour acquiescer à une partie des prétentions des acquéreurs , supposons que celui qui est convenu de vendre son domaine 100,000 liv. assignats ait eu une connaissance parfaite que ces 100,000 liv. assignats ne valaient que 40,000 liv. écus , et qu'il ait librement consenti à ne recevoir que cette somme , faut-il au moins qu'il la reçoive entière , et rien ne peut vous autoriser à le contraindre à se contenter de 8 à 10,000 livres écus , somme à laquelle peuvent au plus être portés le jour du contrat les 100,000 liv. assignats qu'il a stipulés. Il n'a donné son consentement que pour 4000 liv. écus ; il doit recevoir le prix convenu. « *Sane si placitum pretium non probetur solutum, hoc reddi recte postulatur* (1) ».

Me répondra-t-on que la résolution a égard à cette différence de valeur des assignats du jour du contrat au jour du paiement, et

______

(1) *Cod. de rescindendâ vendit.* leg. 1 , §. 1.

qu'elle ordonne aux experts de considérer les facilités et les avantages résultans des termes accordés pour le paiement du prix de la vente? J'observerai que la loi doit s'expliquer clairement, et déclarer formellement si elle entend regarder le délai de quatre mois des lettres de ratification comme terme accordé pour le paiement du prix de la vente. Mais alors il était plus simple d'ordonner aux experts de n'estimer les assignats formant le prix de la vente, que d'après leur valeur réelle, le jour du paiement, dût-on, ce qui serait encore injuste, regarder les assignats stipulés comme la valeur réelle de la chose. Au moins, les malheureux vendeurs ne seraient-ils lézés que sur le prix de leur chose; ils ne le seraient plus dans le paiement de ce prix : mais tout, au contraire, fait présumer que ce délai de quatre mois des lettres de ratification, n'est pas réputé terme accordé pour le paiement du prix de la vente ; ainsi nulle ressource pour le vendeur.

Je ne crois pas qu'il soit possible de démontrer plus évidemment, que la résolution dont il s'agit est diamétralement contraire au droit et à l'équité. Voyons si elle s'accorde même avec les lois émanées du corps législatif, sur les questions les plus semblables à celles-ci.

Que demandent ici les vendeurs ? Que les experts, 1º. vérifient et estiment la valeur réelle que l'immeuble vendu pouvait avoir en numéraire métallique au tems du contrat, eu égard à son état à la même époque, et d'après la valeur ordinaire des immeubles de même nature dans la contrée ; 2º. réduisent à la valeur réelle et métallique le prix payé d'après l'échelle de dépréciation. Eh bien ! c'est précisément ce qui est déja ordonné par les lois du 5 messidor an 6, et du 16 nivôse an 6.

Celle-ci, relative à la vente des immeubles pendant la dépréciation du papier monnaie, veut que si le prix est encore dû soit en totalité, soit seulement en partie, le vendeur et l'acquéreur soient, en cas de non-conciliation, renvoyés à des experts qui vérifieront et estimeront la valeur réelle que l'immeuble vendu pouvait avoir en numéraire métallique au temps du contrat, eu égard à son état à la même époque, et d'après la valeur or dinaire des immeubles de même valeur dans la

contrée (1). Où est, je vous prie, la difficulté
d'appliquer cette disposition aux ventes infec-
tées du vice de lésion d'outre-moitié ? Peu
importe que le prix soit ou ne soit pas payé ;
l'opération est tout aussi facile ; et si son ré-
sultat démontre évidemment que le prix reçu
n'équivalait pas la moitié de la valeur réelle
de la chose , doit-on hésiter de restraindre le
contrat , ou du moins de contraindre l'acquéreur à completter le juste prix ?

Ce raisonnement est sans réplique. Aussi ,
le rapporteur du conseil des cinq-cents l'admet-
il dans toute sa force ; mais jamais on ne croira
la manière dont il parvient à l'éluder. « Une
» position , dit-il , qui serait faite pour inté-
» resser la justice du législateur , c'est celle
» du particulier qui a vendu son domaine
» 100,000 liv. assingats valant alors 40,000 l.
» écus, et qui n'a été payé de ses 100,000 liv.
» assignats que dans un tems où cette som-
» me produisait à peine 8 à 10,000 livres ,
» valeur métallique. *Mais vous avez décidé*
» *par votre loi du 16 nivôse , que les acqué-*
» *reurs qui ont payé en papier monnaie , con-*
» *formément aux lois existantes , sont vala-*

---

(1) Article III.

» *blement acquittés.* » Je répondrai d'abord que s'il était une loi dont on ne pût faire que des applications injustes, et qui contrariait la raison et l'équité, il s'en suivrait seulement que cette loi doit être rapportée : mais le rapporteur semble avoir oublié lui - même, et la lettre et l'esprit de la loi du 16 nivôse.

L'art. V dont il s'agit ne valide les paiemens faits en assignats que lorsque l'acquéreur a donné seulement une partie du prix convenu ; cette partie validée est elle - même réduite en espèces métalliques, et l'acquéreur n'est acquitté que d'une semblable quotité proportionelle de la valeur estimative de l'immeuble vendu ; de manière, qu'en effet, le vendeur n'en reçoit pas moins la totalité du prix juste de la valeur réelle de la chose ; cette validation du paiement qu'il a reçu ne lui préjudicie en rien. J'en déduis, au contraire, l'argument le plus fort pour les vendeurs qui ont reçu la totalité de leur prix. Validez le paiement qui leur a été fait, mais réduisez-le en espèces métalliques, et n'acquittez l'acquéreur que d'une semblable quotité proportionnelle de la valeur estimative de l'immeuble vendu.

J'ajouterai que cet article, même en validant, ainsi qu'il vient d'être dit, les paiemens faits de la moitié ou des trois quarts du prix, réserve expressément au vendeur l'action en lésion d'outre - moitié dans les cas de droit. Si donc, c'est une position faite pour intéresser la justice du législateur, que celle d'un homme qui n'a reçu que 8000 livres écus pour prix d'un domaine vendu 40,000 livres écus ; n'opposez pas à cet homme, comme fin de non - recevoir une loi qui, pour raison du paiement fait, n'acquitte l'acquéreur que d'une semblable quotité proportionelle de la valeur estimative de l'immeuble vendu, et réserve formellement au vendeur l'action en lésion d'outre-moitié.

Voici cet article V. « Les acquéreurs qui
» ont payé en papier monnaie, conformé-
» ment aux lois existantes une partie du
» prix convenu, sont valablement acquittés
» d'une semblable quotité proportionelle de
» la valeur estimative de l'immeuble vendu :
» de sorte que s'ils ont payé la moitié ou les
» trois quarts du prix stipulé, ils ne pourront
» être considérés, comme débiteurs, que de
» la moitié ou du quart restant de la valeur
» estimative, telle qu'elle sera réglée par
» l'expertise, *sans préjudice toutefois de*

« *l'action en lésion d'outre-moitié dans le*
« *cas de droit, et pour les contrats anté-*
« *rieurs à la publication de la loi du 14*
« *fructidor, an 3, dont le mode et les effets*
« *seront réglés par une loi particulière.* »

Concluons donc, que cet article, rétabli dans son intégrité, loin d'être favorable à la résolution, en démontre le vice radical. La parité est exacte. L'estimation de l'immeuble vendu doit être faite en espèces métalliques, et peut l'être, soit que le vendeur ait reçu la totalité du prix, soit qu'il n'en ait reçu qu'une portion, soit qu'il n'ait rien reçu. Voilà pour l'estimation de la valeur réelle de la chose vendue le jour du contrat ; est-il donc plus difficile d'estimer la valeur-réelle du prix reçu ?

La loi du 5 messidor an 5 veut que « lorsqu'il y aura lieu de réduire en numéraire métallique la valeur nominale d'une obligation, la réduction soit faite eu égard à la valeur d'opinion du papier-monnaie, au moment du contrat dans le département où il aura été fait ». Je cherche en vain sous quel prétexte on pourrait ne pas estimer de la même manière les assignats donnés en paiement par l'acquéreur.

Voici la seule objection que l'on ait encore faite : « Il est prouvé qu'en général les
» tableaux de dépréciation sont vicieux. Il ne
» seroit pas convenable d'y soumettre le prix
» des ventes d'immeubles faites en assignats,
» et de rendre les acquéreurs victimes des
» écarts qui ont été commis dans la majeure
» partie des départemens ».

A cela je n'aurais qu'un seul mot à répondre :
Si votre échelle est mal basée , refondez-là.
Le défaut d'intelligence ou d'impartialité de
la part du jury d'équité ne peut compromettre
mes droits. Lorsque des experts font une
estimation evidemment mauvaise , on n'en
conclut pas que la chose ne doit pas être
estimée ; on charge seulement d'autres experts de recommencer l'opération.

Au surplus, il n'est pas exact que cette
échelle soit vicieuse; du moins la regardez-vous comme bonne dans toutes les autres
circonstances. J'ai emprunté cent mille francs
assignats , qui, par l'échelle de dépréciation
sont réduits à dix mille livres écus. Le même
jour j'ai déposé cent mille francs assignats
pour prix d'un immeuble que j'avais acquis
quelque mois au paravant. De quel droit
voudrais-je que ces derniers cent mille francs

représentassent plus de dix mille francs écus ? Les vendeurs d'immeubles serait-ils les seuls hommes de la République pour qui la valeur nominale des assignats aura dû être une valeur-réelle ?

Lorsque le Gouvernement achetait d'un fournisseur pour cent mille livres de bled, et qu'il ne les lui payait que quelques mois après, ne lui tenait-il pas compte de la dépréciation du papier ? Et lorsqu'il l'inscrivoit sur le grand livre de la dette publique, ne triplait-il pas au moins sa somme ? Mais choisissons un exemple plus frappant, et rappelons les dernières ventes de biens nationaux. On se souvient qu'ils avaient été vendus payables en mandats, en plusieurs paiemens. Eh bien ! n'a-t-on pas vu le corps législatif ordonner le paiement du quatrième quart en espèces métalliques ? ce qui, vu le prix immodéré auquel la chaleur de l'enchère avait porté le bien, lui faisait atteindre quelquefois plus que sa valeur-réelle. Soyons justes pour tous. Lorsqu'il s'agit de transactions civiles, le gouvernement et les particuliers doivent être pésés dans la même balance ; et l'on ne peut pas contraindre ceux-ci à recevoir comme valeur-réelle ce que le gouvernement ne recevait que comme valeur nominale.

Si cette résolution est adoptée par le conseil des anciens, que voulez-vous que les malheureux vendeurs répondent à leurs créanciers dont le titre est antérieur au 1er janvier 1792? Ils ne se sont pas libérés en papier-monnaie, soit que la probité seule leur ait défendu ces odieux remboursemens, soit que la loi du 23 messidor leur en ait ôté la faculté. La valeur réelle de l'immeuble sur lequel ils ont emprunté, excédoit de beaucoup la quotité de leurs dettes, et le prix qu'ils ont reçu n'en saurait payer le quart. Vous les contraignez cependant à payer en écus la totalité de leurs dettes, bien qu'aujourd'hui un écu en vale deux d'il y a huit ans; et vous leur interdisez le moyen d'obtenir le juste prix de la valeur réelle de leurs immeubles, lorsque même cette valeur réelle serait inférieure de près de moitié à la valeur réelle qu'avait le bien lorsqu'ils ont contracté des pettes. Votre loi constitueroit donc tout vendeur d'immeuble pendant la dépréciation du papier-monnaie, banqueroutier de créanciers qu'il n'aurait pas voulu payer avec du papier discrédité.

Par cette réclamation les vendeurs ne sollicitent que la justice la plus rigoureuse, et leur système ne tend à la ruine illégitime de qui que ce soit. Que leur répond-on ? un *peut-être* calomnieux, et que la conscience des législateurs ne doit jamais avouer. « *Peut-être*, dit-on, ils n'ont vendu que pour rembourser d'anciens capitaux avec des valeurs nominales ». Je n'en sais rien, et j'affirmerais le contraire des quatre-vingt-dix-neuf centièmes des vendeurs. Ce que je sais pertinemment, c'est que la loi ne présume jamais la fraude, et qu'en général et sur-tout dans les malheureux tems de la dépréciation du papier-monnaie, tout vendeur doit être présumé n'avoir aliéné sa chose que pour se p.ocurer de l'argent dans un besoin pressant, et parce que le produit d'une année de son immeuble ne suffisait pas à sa nourriture d'un jour.

Encore un *peut-être*. Mais toujours en faveur des acquéreurs ; car on semble persuadé que *peut-être* il n'y a pas eu dans tout le cours de la révolution un seul vendeur à plaindre. « *Peut être*, dit-on, la plûpart des acquéreurs n'ont-ils payé qu'avec des assignats provenant du remboursement d'anciens capitaux. S'ils reprennent leurs assignats, ils auront en définitif des valeurs nulles pour des valeurs réelles ». Je veux le croire de tous les acquéreurs ; combien cependant faudrait-il retrancher de cette supposition. Qu'importe à la question présente ? Est-ce du fait du vendeur que l'acquéreur recevra des valeurs nulles pour des valeurs réelles ? parce qu'il **a** été volé par son débiteur, est-il autorisé à voler un propriétaire. C'est un très - grand malheur que la loi ait permis à son débiteur de lui donner du papier mort pour des écus ; mais faut-il pour l'indemniser que le propriétaire voisin soit tenu de lui céder *gratis* sa terre ou sa maison. Que diriez-vous d'un homme qui, pour dédommager un malheureux volé de dix mille francs, lui donnerait le conseil et le moyen de voler à son tour une pareille somme dans la bourse de son voisin ? Voilà cependant ce que dirait la loi qui validerait la vente d'un immeuble pour le centième de son juste prix ; sous le prétexte que l'acquéreur a éprouvé une banqueroute où il a perdu quatre-vingt-dix-neuf pour cent.

Je n'ai répondu, jusqu'à présent, qu'aux objections faites ouvertement contre le système proposé par les vendeurs ; mais il en est une qu'on n'ose avouer, et qui néanmoins, je l'affirmerais, est la seule raison décisive de la résolution. C'est ce que répondent en dernière analyse tous ceux qui sont obligés de reconnaître la légitimité des droits des vendeurs. On nous dit que , si nous prenons pour bases de la lésion la valeur réelle de la chose au jour du contrat, et la réduction en argent des assignats reçus, pas une vente ne sera consolidée, et que les tribunaux seront inondés de procès interminables. C'est dire en d'autres termes : « Il y aurait trop d'injustices à réparer, il vaudrait mieux n'en réparer aucune ». Mais rassurez-vous, législateurs qui craignez de jeter parmi vos concitoyens

(20)

un flambleau de discorde : non , la loi que
l'opinion publique sollicite à si grands cris
ne produiroit pas tant de débats judiciaires ;
tout se réduiroit en arbitrages , et même en
conciliations à l'amiable. Que veulent au fond
les vendeurs ? rentrer dans leur bien : non ;
mais seulement obtenir à-peu-près le com-
plettement du juste prix de leur chose. S'il
est un inconvénient de cette espèce à redou-
ter , ce sera plutôt de voir les malheureux
vendeurs importuner chaque législature nou-
velle pour obtenir le rapport d'une loi qui
aura blessé si ouvertement leurs droits. Il
vaut mieux que les tribunaux soient assaillis
d'hommes qui réclament l'application d'une
loi juste, que de voir le corps législatif sans
cesse et toujours en vain , obsédé de récla-
mateurs contre une loi injuste. Que sera-ce
donc si la prochaine législature ou la sui-
vante ouvrent enfin les yeux sur les innom-
brables malheurs enfantés par la résolution
dont il s'agit ! combien alors y aura-t-il plus
de procès que le laps de tems aura rendus
impossibles à terminer !

VIGNAN.

Se distribue *gratis* à l'imprimerie des Annales d'agriculture, rue de Seine Germain , n° 38 ; et rue Honoré,
n° 1358, Passage Virginie, chez le Portier.

DE L'IMPRIM. DES ANNALES D'AGRICULTURE,
rue de Seine , n° 38 ; faubourg Saint-Germain.

www.ingramcontent.com/pod-product-compliance
Lightning Source LLC
LaVergne TN
LVHW010134060726
842524LV00005B/1920